AF358076

CATALOGUE

DES

EAUX-FORTES

LITHOGRAPHIES, AQUARELLES, DESSINS, ETC.

DE

F. ROPS

DONT LA VENTE AURA LIEU

HOTEL DROUOT, SALLE N° 10

LE SAMEDI 19 AVRIL 1902

à deux heures précises

COMMISSAIRE-PRISEUR	EXPERT
M° LAIR-DUBREUIL	**M. LUCIEN MOLINE**
6, rue du Hanovre	20, rue Laffitte

MM. les Amateurs pourront examiner la Collection chez M. MOLINE, expert, 20, rue Laffitte, les 17 et 18 Avril, de 10 heures du matin à 6 heures du soir.

CONDITIONS DE LA VENTE

Elle sera faite au comptant.

Les acquéreurs paieront *dix pour cent* en sus des enchères.

Aucune réclamation ne sera admise une fois l'adjudication prononcée.

L'expert se réserve la faculté d'intercaler les numéros, de les grouper et de séparer les lots.

Paris.—Imprimerie de l'Art, E. Moreau et Cⁱᵉ, 41, rue de la Victoire

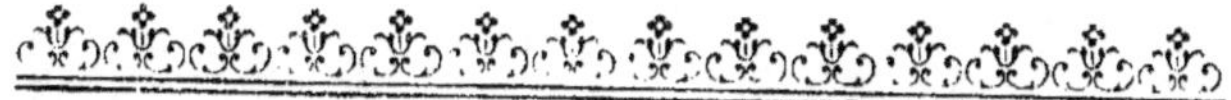

DÉSIGNATION

AQUARELLES

1 — *La Chanson de Chérubin.*
    Aquarelle.

2 — *Contravention.*
    Aquarelle.

3 — *L'Homme à la femme sauvage.*
    Aquarelle.

4 — *Le Jeune modèle.*
    Aquarelle.

5 — *Le Bibliothécaire.*
    Dessin.

6 — *Les Bagatelles de la porte.*
    Aquarelle.

7 — *Vénus et Cupidon.*
    Aquarelle.

EAUX-FORTES

ET POINTES SÈCHES

8 — *Portrait de F. Rops*, par DE WITTE.
> Très belle épreuve d'artiste sur Japon.

9 — *La Buveuse d'absinthe* (E. RAMIRO 7), eau-forte.
> Belle épreuve.

10 — *Le Fantoche* (R. 10), eau-forte.
> Très belle épreuve du 2ᵉ état.

11 — *La Femme à la toque écossaise* (R. 23), eau-forte et aquatinte.
> Très belle épreuve sur Japon, signée du monogramme.

12 — *La même estampe*.
> Très belle épreuve, signée du monogramme.

13 — *Norvégienne* (R. 32), eau-forte et pointe sèche.
> Très belle épreuve sur Japon, signée du monogramme.

14 — *La Quotidienne* (R. 35), eau-forte.
> Très belle épreuve.

15 — *L'Oncle Claès et la Tante Johanna* (R. 42), eau-forte.
> Très belle épreuve du 4ᵉ état, sur Japon.

16 — La même estampe.
   Très belle épreuve sur Japon.

17 — *La grande Femme à la fourrure assise*
(R. 46), eau-forte.
   Très belle épreuve.

18 — *La Femme au trapèze* (R. 53), eau-forte.
   Très belle épreuve sur Chine, signée du monogramme.

19 — *L'Olivierade* (R. 55), eau-forte et pointe
sèche.
   Très belle épreuve, signée du monogramme.

20 — *Métella* (R. 56), eau-forte.
   Très belle épreuve sur japon.

21 — *L'Affûteur* (R. 57), eau-forte.
   Très belle épreuve avant la lettre.

22 — *Jean Brouette* (R. 68), eau-forte.
   Très belle épreuve, signée.

23 — *Billet à désordre* (R. 73), eau-forte.
   Très belle épreuve, signée.

24 — *Le Clos du roy* (R. 76), eau-forte.
   Très belle épreuve du 1er état, très rare.

25 — *Le Miroir de la coquetterie* (R. 78), pointe
sèche.
   Très belle épreuve sur Japon, rare.

26 — *Petite Sorcière* (R. 79), eau-forte et
aquatinte.
   Très belle épreuve sur Japon, signée du monogramme.

27 — *La Dame au Carcel* (R. 85), vernis mou.
Très belle épreuve, signée.

28 — *Le Vieux bibliophile* (R. 88), eau-forte.
Très belle épreuve sur Japon.

29 — *L'Oracle du hameau* (R. 95), eau-forte.
Très belle épreuve.

30 — *Vieux Faune*, grande planche (R. 96).
Très belle épreuve, signée.

31 — *La Vieille à l'aiguille* (R. 100) eau-forte.
Très belle épreuve sur Japon, signée.

32 — *Paysan breton* (R. 102), eau-forte.
Très belle épreuve, signée du monogramme.

33 — *Garçon brasseur* (R. 104), eau-forte.
Très belle épreuve sur Japon.

34 — *Sortie de bal* (R. 105), eau-forte.
Très belle épreuve sur Japon.

35 — *Orphée* (R. 105), eau-forte.
Très belle épreuve, signée du monogramme.

36 — *Les Laveuses* (R. 110).
Très belle épreuve sur japon.

37 — *La vieille Masken* (R. 112), pointe sèche et
aquatinte.
Très belle épreuve du 3e état, signée du monogramme.

38 — La même estampe.
Très belle épreuve sur Japon, signée du monogramme.

39 — La même estampe.
Très belle épreuve sur Japon, signée du monogramme.

40 — *Jean Vandyrendouck* (R. 113), pointe sèche.
Très belle épreuve sur Japon, signée.

41 — *Paysanne du Gatinais* (R. 116), eau-forte.
Très belle épreuve.

42 — *Laitière flammande* (R. 119), eau-forte.
Très belle épreuve de la planche terminée.

43 — *La Grève* (R. 121).
Très belle épreuve sur Japon, signée.

44 — La même estampe.
Très belle épreuve sur Japon, signée.

45 — *Dans la Pusta* (R. 123), eau-forte.
Très belle épreuve sur Japon, signée.

46 — *La Planche au tzigane* (R. 125), eau-forte et vernis mou.
Très belle épreuve, signée.

47 — La même estampe.
Très belle épreuve.

48 — *Ma Golonelle* (127), eau-forte.
Très belle épreuve.

49 — *Le Semeur de paraboles* (R. 130), eau-forte.
Très belle épreuve sur Chine.

50 — *La Sieste*, petite planche (R. 132), eau-
forte.

> Très belle épreuve.

51 — *Le Pot au lait* (R. 133), eau-forte.

> Très belle épreuve sur Japon.

52 — *La Migraine* (R. 134), eau-forte.

> Très belle épreuve signée du monogramme.

53 — *La Vieille aux fleurs de lys* (R. 135), eau-
forte, vernis mou et aquatinte.

> Très belle épreuve.

54 — *Ma Goutte* (R. 137), eau-forte, plus 2
épreuves du sujet du milieu, tirées à part.

> Trois pièces, très belles épreuves.

55 — *Le Vol et la Prostitution dominant le
monde* (R. 144), eau-forte.

> Très belle épreuve, signée du monogramme.

56 — *Frontispice des Œuvres inutiles et nuisi-
bles* (R. 145), eau-forte et pointe sèche.

> Très belle épreuve sur Japon, signée, avec une
> addition manuscrite à la légende de gauche.

57 — *Le Train des maris* (R. 146), eau-forte.

> Très belle épreuve, signée du monogramme.

58 — La même estampe.

> Très belle épreuve signée du monogramme.

59 — *Guerrière* (R. 148), eau-forte.

> Très belle épreuve sur Japon, signée du mono-
> gramme.

60 — *Le Sphinx* (R. 149), vernis mou.
> Très belle épreuve.

61 — *Le Sphinx*, grande planche (R. 149 [bis]), vernis mou.
> Très belle épreuve sur Japon, signée.

62 — *La Poupée du Satyre* (R. 150), eau-forte.
> Très belle épreuve sur Japon, signée.

63 — *Vieille Gouge* (R. 156), vernis mou.
> Très belle épreuve, signée du monogramme.

64 — *Grande Tante* (R. 158), pointe sèche et vernis mou.
> Très belle épreuve sur Japon, signée.

65 — *Le Docteur Filleau* (R. 161), eau-forte.
> Très belle épreuve sur Japon, signée, avec un important dessin à la plume dans la marge du bas.

66 — *L'Été* (R. 169), pointe sèche.
> Très belle épreuve sur Japon.

67 — *Printemps* (R. 170), eau-forte.
> Très belle épreuve sur Japon, signée.

68 — *La Colère* (R. 173), eau-forte et pointe sèche.
> Très belle épreuve sur Chine.

69 — *Les Bateaux* (R. 203), eau-forte.
> Très belle épreuve.

70 — *Bas-relief* (R. 216), eau-forte et pointe sèche.
> Très belle épreuve.

71 — *Satan semant l'ivraie* (R. 223), vernis mou.
Très belle épreuve sur Japon, signée.

72 — *L'Enlèvement* (R. 224), vernis mou.
Très belle épreuve sur Japon, signée.

73 — *Le Calvaire* (R. 227), vernis mou.
Très belle épreuve sur Japon, signée, avec un croquis à la plume dans la marge du bas.

74 — *Impudence* (R. 243), vernis mou.
Très belle épreuve sur Japon, signée du monogramme.

75 — *Ma fille, Monsieur Cabanel* (R. 246), eau-forte.
Très belle épreuve, signée du monogramme.

76 — *Le Cochon truffier* (R. 298), eau-forte.
Très belle épreuve.

77 — *La Marotte macabre* (R. 299), eau-forte.
Très belle épreuve sur Japon.

78 — *La Presse*, adresse de l'imprimeur F. Nys (R. 328), eau-forte.
Belle épreuve sur Japon.

79 — *Le Massage* (R. 351), aquatinte.
Belle épreuve sur Japon, signée.

80 — Frontispice pour *Le Cabinet satyrique* (R. 352).
Très belle épreuve sur Chine volant.

81 — Frontispice pour *Les Amusements des dames de Bruxelles* (R. 353).
Très belle épreuve sur Japon.

82 — Frontispice pour *Les chansons de Collé*
(R. 354).
Deux pièces, très belles épreuves.

83 — Frontispice pour *Les Cythères parisiennes*
(R. 375).
Très belle épreuve sur Japon.

84 — *Les Cythères parisiennes* (R. 395), planche
d'ensemble.
Très belle épreuve du 3e état sur Japon.

85 — Frontispice pour *Le Catéchisme des gens
mariés* (R. 401).
Très belle épreuve sur Japon.

86 — Frontispice pour *La Fleur lascive* (R. 402).
Très belle épreuve.

87 — *L'Art moderne ou la lecture du grimoire*
(R. 413), eau-forte.
Très belle épreuve.

88 — *Folies Bergère* (R. 414), vernis mou et
pointe sèche.
Très belle épreuve.

89 — Frontispice pour *Le Diable dupé par les
femmes* R. 416), eau-forte.
Très belle épreuve sur Japon.

90 — Frontispice pour *La Messe de Guide* (R.
419), eau-forte.
Très belle épreuve sur Japon.

91 — Frontispice pour *Les Œuvres d'Alfred de Musset* (R. 425).

Très belle épreuve sur Chine volant.

92 — *Don Paez* (R. 426), eau-forte.

Très belle épreuve, fort rare.

93 — Frontispice pour *Curieuse* (R. 427).

Très belle épreuve sur Japon.

94 — Frontispice pour *Le Vice suprême* (R. 428), eau-forte et aquatinte.

Très belle épreuve sur Japon, signée.

95 — *Le Vice suprême*, grande planche.

Très belle épreuve signée.

96 — Frontispice pour *Souvenir de Barbizon* (R. 431), eau-forte.

Belle épreuve sur Japon.

97 — Frontispice pour *La Sphère de la lune* (R. 434).

Très belle épreuve sur Japon.

98 — Frontispice pour *Le Dictionnaire érotique* (R. 455), eau-forte.

Très belle épreuve sur Japon.

99 — Frontispice pour *Les Joyeusetés galantes du vidame* (R. 457).

Très belle épreuve sur Chine volant.

100 Frontispice pour *Gamiani* (R. 463), eau-forte.

Deux pièces, très belles épreuves, une tirée en sanguine et l'autre sur Japon.

101 — *Le Rideau cramoisi* (R. 5o5), vernis mou.
Très belle épreuve, signée du monogramme.

102 — *Premier pas* (R. 534), vernis mou.
Très belle épreuve sur Japon, signée.

103 — *La Nourrice au satyrion* (R. 573), eau-forte.
Très belle épreuve sur Japon, signée.

104 — *Satan jettant à la terre la pâture qu'elle attend* (R. 6 13), vernis mou.
Très belle épreuve sur Japon.

105 — *James Tobbyn* (R. 618), eau-forte.
Très belle épreuve.

106 — *Maturité* (R. 637), vernis mou.
Deux pièces, très belles épreuves sur Japon.

107 — *La Pudeur de Sodome* (R. 638), vernis mou.
Très belle épreuve imprimée en couleurs.

108 — *L'Amante du Christ* (R. 639), vernis mou.
Très belle épreuve sur Japon, signée.

109 — Frontispice pour *Masques parisiens* (R. 642), vernis mou.
Très belle épreuve sur Japon.

110 — Fleurons et culs-de-lampe Morgat (R. 653-656), suite de quatre pièces gravées sur bois.
Très belles épreuves sur Japon, la dernière en double, soit cinq pièces.

111 — *La Mort qui danse*, eau-forte non décrite.

Très belle épreuve sur Japon, signée.

112 — *Lassata.*

Très belle épreuve signée du monogramme.

113 — *Barbey d'Aurevilly*, fac-similé par Aglaüs Bouvenne.

Très belle épreuve sur Chine, plus une réduction, soit deux pièces.

114 — Sous ce numéro un lot de quelques pièces non cataloguées.

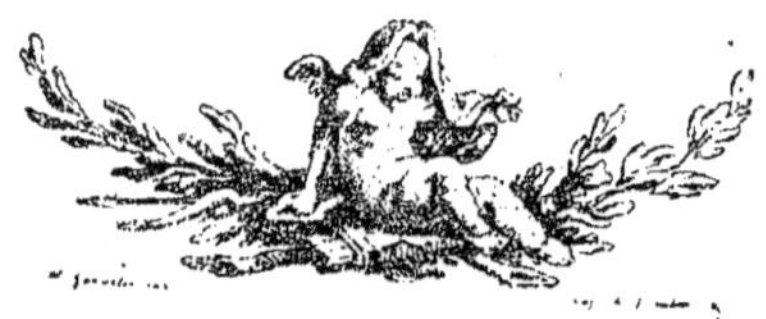